AF452031

LA FEMME

MÉCONTENTE DE SON MARI,

OU

ENTRETIEN DE DEUX DAMES

Sur les obligations & les peines du Mariage.

Traduit du Latin d'Erasme.

A PARIS,

Chez la Veuve CLOUZIER, au Palais, sur le Perron de la Sainte Chapelle.

M. DCCVII.

AVEC PERMISSION.

PRÉFACE.

CE Dialogue est une Traduction du Colloque d'Erasme, intitulé UXOR MEMΨIΓAMOΣ: *La Femme mécontente du Mariage*, ou *de son Mari*. C'est un des plus agreables de cet Auteur. Mais quoiqu'il soit écrit d'un stile enjoüé, tel qu'il convient aux Dames qui y parlent, il ne laisse pas d'être rempli d'excellentes instructions : Et comme l'esprit est naturellement porté à ce qui fait plaisir, les veritez dites plaisamment, font

PREFACE.

ſouvent plus d'impreſſion que
les Sermons les plus patheti-
ques. Voici le témoignage
qu'Eraſme lui-même en rend
dans l'Apologie qu'il fait de
ſes Colloques, pour répondre
à toutes les Critiques qui s'é-
leverent contre lui, lorſque
ſon Livre parut au jour.

   » Combien, dit-il, trouvera-
» t-on dans ce Dialogue de
» préceptes de Morale, & de
» leçons utiles & neceſſaires
» aux Femmes, pour appren-
» dre l'obligation où elles ſont
» de conſerver fidélement l'u-
» nion conjugale, de ſouffrir,
» & de cacher les défauts de
» leurs Maris, d'oublier aiſé-

ment tous les sujets de chagrin qu'elles peuvent en recevoir, & de demeurer dans
l'obéïssance qu'elles leur doivent. Platon, Aristote, Xe-
nophon & Plutarque disent-
ils autre chose dans leur Phi-
losophie? & quelle difference
y a-t-il, si ce n'est qu'icy le
stile enjoüé de la conversa-
tion de ces Femmes donne
un tour de vivacité, & une
force propre à persuader &
à toucher le cœur ?

Je ne m'étendrai pas sur les
loüanges de ce sçavant Homme : ses Ecrits, qui subsistent
depuis prés de deux siécles,
font assez son éloge. J'ajoûte-

PRE'FACE.

rai seulement, que dans ce Dialogue il introduit deux Dames de Roterdam qui s'entretiennent des *Peines* & des *Obligations du Mariage*. L'une nommée XANTIPE, est violente & emportée ; & Erasme en lui donnant le nom de XANTIPE, femme de Socrate, lui en donne aussi le caractere : l'autre, qu'il appelle EULALIE, c'est-à-dire, Femme *qui parle bien & de bon sens*, instruit son Amie d'une maniere tres-sage & tres-sensée.

A l'égard de la Traduction, celui qui l'a faite, me sçaura peut-être mauvais gré de l'avoir donnée au Public sans sa participation. Comme il ne s'attendoit point qu'elle dût être exposée au jour, il n'y a pas mis la derniere main. Mais quelque imparfaite qu'elle soit, j'espere qu'elle ne déplaira pas, puisque l'utile & l'agreable s'y trouvent réünis, & que ceux de l'un & de l'autre sexe, qui sont engagez dans le Mariage, pourront en même temps se réjoüir, s'instruire, & se reconnoître, s'ils veulent se dépoüiller pour un moment de leur amour-propre. On y remarquera quelques endroits changez, & d'autres ajoûtez, apparemment pour rendre le

PREFACE.

Dialogue plus conforme à nos mœurs; & quelques-uns aussi de supprimez, comme trop libres, & capables de blesser la pudeur. Du reste, je ne crois pas que cette Traduction ait beaucoup diminué des graces de l'Original, & je laisse au Public à en juger.

LA FEMME
MÉCONTENTE·
DE SON MARI.
OV
ENTRETIEN DE DEUX DAMES
Sur les Obligations & les Peines du Mariage.

Traduit du latin d'Erasme.

EVLALIE, XANTIPE.

Eulalie. BOn jour, ma che-re Xantipe.

Xantipe. Bon jour, ma chere Eulalie, Que tu es belle au-jourd'huy !

Eulalie. Moy ? point, tu te moc-ques.

A

Xantipe. Non, en verité, je te trouve belle comme un Ange.

Eulalie. Tu veux peut être me faire compliment sur mon habit.

Xantipe. Il est vrai que ton habit est charmant & de bon goût. Ah, la belle étoffe ! Combien coûte-t-elle ?

Eulalie. Je ne sçai. C'est une galanterie de mon Mari.

Xantipe. Tu es bienheureuse d'avoir un si bon Mary ! Et plût à Dieu que le mien lui ressemblât !

Eulalie. Est-ce qu'il n'en use pas bien avec toy ?

Xantipe. Helas non ! regarde, un honnête homme pourroit-il souffrir sa femme habillée comme tu me vois ? Que je meure, si je n'ai honte de paroître avec ces guenilles : & faut-il qu'une personne de ma qualité soit obligée d'aller ainsi, faite comme une folle, pendant que je ne sçai combien de petites Bourgeoises sont vêtuës comme des Princesses ?

Eulalie. Si tu avois entendu le Prédicateur de nôtre Paroisse, tu penserois bien autrement. La Vertu, à ce qu'il dit, doit être nôtre principal ornement. La parure n'est bonne que pour les Coquettes : & une Femme vertueuse est toûjours assez bien mise, pourvû qu'elle plaise à son Mari.

Xantipe. Tu en parles bien à ton aise. Mais avoüe cependant que tu n'es pas fâchée que ton Mari t'ait fait present de cet habit, & que tu te sçais bon gré de ton ajustement.

Eulalie. Je t'assure que ce n'est point l'ajustement qui me touche le plus. Mais j'ai été charmée, je l'avoüe, qu'un Mari que j'aime, ait eu pour moi cette attention, que je regarde comme une preuve de sa tendresse.

Xantipe. Je suis fort édifiée de celle que tu témoignes pour lui. Mais

fi tu étois à ma place, tu changero[is]
bien de langage.

Eulalie. Il me femble qu'une Fem[me]
me doit toûjours aimer fon Mari.

Xantipe. Moi, je l'aimerois? u[n]
brutal, un débauché, qui, au lie[u]
de donner à fa femme dequoi s'e[n]
tretenir honnêtement, mange & di[f]
fipe tout?

Eulalie. Et à quoi?

Xantipe. A quoi? A ce qui lui plaî[t]
au jeu, aux femmes, au vin.

Eulalie. Eft-il poffible?

Xantipe. Je te dis vrai. Il n'y a poi[nt]
de jour qu'il ne revienne au log[is]
en un état pitoyable. On eft oblig[é]
de le porter à quatre dans fon lit, o[ù]
il ronfle toute la nuit, pour ne ri[en]
dire de pis.

Eulalie. Mais, ma chere, fçais-[tu]
bien que tu te fais tort à toi-mêm[e]
quand tu parles de ton Mari comm[e]
tu fais?

Xantipe. Moi? J'aimerois cent f[ois]

mieux être enfermée dans un Couvent pour le reste de mes jours, que de vivre avec ce miserable-là.

Eulalie. Mais, quand il revient en ce bel équipage, que dis tu ?

Xantipe. Ah que je lui dis bien son fait !

Eulalie. Et lui ?

Xantipe. D'abord il vouloit le prendre d'un ton plus haut, & me disoit je ne sçai combien d'injures.

Eulalie. N'a-t-il jamais passé plus avant ?

Xantipe. Eh ! il a.....

Eulalie. Quoi ?

Xantipe. Oh, cela n'est arrivé qu'une fois.

Eulalie. Comment ?

Xantipe. Il leva sa canne, & jurant comme un possedé, il menaçoit de m'assommer.

Eulalie. Et bien ? tu ne mourus pas de frayeur ?

Xantipe. Non vraiment. Je pris les

pincettes, je lui aurois caffé la tête, s'il eût approché.

Eulalie. Ah ma chere ! une Femme peut-elle en venir à ces extrémitez ?

Xantipe. Et un Mari doit-il maltraiter fa Femme ?

Eulalie. Non, Mais ne fçais-tu pas que faint Paul nous ordonne d'être foûmifes à nos Maris, à l'exemple de Sara, qui appelloit Abraham fon Seigneur & fon Maître ?

Xantipe Oüi. Mais faint Paul dit auffi, qu'un Homme doit aimer fa Femme de même que Jefus-Chrift aime fon Eglife. Il n'a donc qu'à faire fon devoir, & moi je ferai le mien.

Eulalie. Mais, qui dés deux, à ton avis, doit ceder à l'autre ? N'eft-ce pas la Femme ?

Xantipe. Quoi ? quand il me traitera comme une fervante ?

Eulalie. Il ne t'a pas menaeée depuis de te battre.

Xantipe. Il n'auroit qu'à y venir, il seroit bien reçû.

Eulalie. Pour toi, tu continuës toûjours sur le même ton.

Xantipe. Assurément, & je ne cesserai point, qu'il ne change de vie.

Eulalie. A tout cela que dit-il ?

Xantipe. Il fait semblant de dormir. Tantôt il s'amuse à joüer de la viole ; ou bien il prend un cor de chasse, dont il se met à sonner.

Eulalie. Dieu sçait, si alors ta colere redouble.

Xantipe. Je ne sçai par-fois qui me tient que je ne me jette sur lui, & que je ne le devisage.

Eulalie. Mais s'il va chercher fortune en Ville, comme tu le dis, n'est-ce point que tu lui ayes donné quelque sujet d'ombrage & de jalousie.

Xantipe. Jamais. Ce n'est pas qu'il

ne le merite bien ; & je ne dis point ce que je ferai, s'il continuë.

Eulalie. Oh bien, ma chere, veux-tu que je te parle naturellement. Tu fçais combien je t'aime, & qu'en pareil cas je te prierois de me donner un bon conſeil.

Xantipe. Je ſerai ravie d'en recevoir de toi.

Eulalie. Puiſque tu me le permets, je vais te dire tout ce que je penſe. Quelque fâcheux que ſoit ton Mari, il eſt á toi, tu es à lui, & c'eſt pour la vie. Autrefois quand un Homme & une Femme ne pouvoient abſolument s'accorder, ils avoient recours au divorce.

Xantipe. Que maudit ſoit celui qui l'a aboli !

Eulalie. Bon Dieu, que dis-tu ? Quoi ne ſçais-tu pas que c'eſt Jeſus-Chriſt lui-même qui l'a défendu ?

Xantipe. Cela ne peut être.

Eulalie. Rien n'eſt plus vrai.

Xantipe. Mais au moins nous reste-t-il la séparation de corps & de biens.

Eulalie. Ah ! c'est le plus cruel de tous les partis pour une Femme. Nous en parlerons dans la suite. Mais écoute : puisque c'est pour la vie, il faut faire de necessité vertu. Tâchons donc de bien vivre avec nos Maris, en nous conformant à leur humeur, & qu'eux de leur côté s'accommodent un peu à la nôtre.

Xantipe. Il faudroit pour cela refondre le mien.

Eulalie. Ne t'y trompe pas, c'est la Femme qui y a le plus d'interêt, aussi doit-elle y mettre plus du sien.

Xantipe. Mais toi qui parles, comment vis-tu avec ton Mari ?

Eulalie. A merveille.

Xantipe. Quoi, jamais le moindre démêlé ?

Eulalie. Jamais nous n'en sommes venus aux grosses paroles. S'il y a eu quelques petits nuages, qui auroient pû produire de veritables tempêtes, nous les avons dissipez sur le champ. Tu sçais, ma chere, que chacun a son humeur & ses defauts : & s'il est vrai que dans le Mariage on se connoît mieux que par-tout ailleurs, il est encore plus vrai qu'il y faut beaucoup d'indulgence de part & d'autre.

Xantipe. J'en conviens.

Eulalie. Cependant il arrive tous les jours qu'un Mari & une Femme se broüillent serieusement avant que d'avoir eu le temps de se bien connoître. C'est à quoi on ne peut trop prendre garde : Car il est certain qu'aprés ces querelles, pour peu qu'elles ayent été poussées loin, la tendresse n'est plus la même.

Xantipe. Oüi ; mais pourquoi dit-on que les querelles entre gens qui t'aiment, ne font que réveiller l'amitié?

Eulalie. Cela est bon pour le discours, ou peut être vrai entre Amans ; mais entre Mari & Femme presque jamais, à moins que ce ne soit parmi les gens de la lie du peuple. Ne crois pas aussi que cette tendresse soit l'ouvrage d'un jour, d'un mois, d'une année. Il faut bien du temps pour la rendre ferme & constante, & rien ne peut l'établir qu'une complaisance réciproque & continuelle, & une grande conformité d'humeur. Car quant à l'amour qu'une Femme inspire à son Mari par sa beauté, c'est un feu bien-tôt éteint, quand cette beauté n'est soûtenuë d'aucun autre merite : la possession, le temps & l'âge ne manquent jamais de le détruire.

Xantipe. Mais dis-moi, je te prie, par quel art as-tu sçû réduire ton Mari?

Eulalie. Volontiers, pourvû que tu veüilles m'imiter.

Xantipe. Oüi, si je le puis.

Eulalie. Rien ne te fera plus aisé, si tu le veux. Il est encore temps : ton Mari est jeune : tu n'es qu'un enfant : il n'y a pas un an que vous êtes mariez.

Xantipe. Cela est vrai.

Eulalie. Ecoute donc, mais à condition que tu me garderas le secret.

Xantipe. Je te le promets.

Eulalie. D'abord j'examinai par où je pourrois lui plaire. J'eus soin qu'il ne trouvât rien de choquant, ni de dégoûtant en ma personne, & qu'il me vît toûjours propre & bien mise, mais sans affectation. Ensuite j'étudiai ses mœurs, son esprit, les temps, les lieux, les choses qui lui faisoient du plaisir, ou de la peine. Enfin, je crûs que pour l'apprivoiser, il falloit en user comme l'on fait avec les Lions, les Ours, les Tygres, & les autres Animaux, que l'on ne peut réduire par la force, & qu'il faut prendre par douceur.

Xantipe. L'Animal que j'ai, est plus féroce que tous ceux dont tu parles.

Eulalie. Cela peut être. Mais s'il n'y a point d'Animal que l'on ne trouve moyen d'apprivoiser, & si l'on peut réduire, & rendre docile au frein le Cheval le plus fougueux, ne devons-nous pas, nous autres Femmes, mettre tout en usage pour rendre nos Maris traitables, & pour nous en faire aimer, puisque tout, jusqu'au lit, nous est commun, & que rien ne peut nous séparer que la mort.

Xantipe. C'est le pis que j'y trouve : Mais poursuis.

Eulalie. A mesure que je faisois ces reflexions, je travaillois à les mettre en pratique.

Xantipe. Comment?

Eulalie. „Premierement dans mon domestique, qui, comme tu sçais, est l'appanage & le gouvernement des Femmes, je sçûs non seulement établir l'ordre & la regularité ; mais je cherchai à le rendre agreable à mon Mari jusques dans les moindres bagatelles. Je voulus, comme il est juste, que tout lui fût soûmis encore plus qu'à moi. J'empêchai que valet, ni servante, voulant faire les necessaires, ne prissent un certain empire tres-pernicieux dans les Maisons. Je vis & reglai tout par moi-même, & ne m'en reposai sur personne, persuadée que le soin du Ménage doit être la seule étude & l'unique occupation d'une Mere de Famille.

Xantipe. Ensuite ?

Eulalie. Ensuite, quand je m'appercevois qu'il aimoit une sorte de

ragoût, il étoit sûr d'en avoir souvent. S'il avoit de l'aversion pour
un autre, jamais il n'en voyoit sur
la Table. Quand il souhaitoit que
son lit fût de telle ou telle façon,
c'étoit aussi-tôt fait que dit; & ainsi
du reste.

Xantipe. Cela est fort bien. Mais
si ton Mari eût été toûjours dehors,
& qu'il ne fût jamais revenu qu'yvre
à la Maison, qu'aurois-tu fait?

Eulalie. Attens, nous en parlerons Quand je le voyois plus
triste que de coûtume, je me gar-
dois bien, pour le réjoüir, de
faire la folle & l'évaporée; au
contraire, je prenois un visage se-
rieux. S'il étoit en colere, je tâ-
chois de l'appaiser : ou quand je
croyois ne pouvoir en venir à
bout sur le champ, j'attendois
que ses premiers mouvemens fus-
sent passez, & qu'il fût en état
de faire reflexion sur lui-même.

ou de m'écouter. Lorsqu'il reve-
noit au logis, aprés avoir pris du
vin plus que de raison, il me trou-
voit gaye, enjoüée, caressante, il
m'embrassoit, & alloit ensuite se
coucher le plus content du monde.

Xantipe. C'est, je l'avoüe, une
malheureuse condition que celle
des Femmes ! Monsieur a beau se
réjoüir ailleurs, ou faire le Démon
chez lui, il faut que Madame garde la Maison pour l'attendre, qu'elle
ne dise mot, qu'elle approuve même ses débauches, ses emportemens, & qu'au lieu de le gronder,
elle le caresse encore quand il arrive.

Eulalie. Va, va, ma chere, si
nous en passons beaucoup à nos
Maris, ils sont souvent obligez de
nous en passer encore davantage.
Ce n'est pas aprés tout, qu'une
Femme ne puisse prendre son temps
pour dire ce qu'elle pense à un
Mari,

Mari, quand il manque essen-
tiellement : mais sur les bagatelles elle doit toûjours fermer les
yeux.

Xantipe. Qu'appelles-tu prendre son temps ?

Eulalie. S'il est de bonne humeur, s'il n'a point l'esprit oc-
cupé, ou que les vapeurs du vin
soient passées, alors on peut tête-
à-tête l'avertir, ou plûtôt le prier
de songer un peu à lui-même :
Mais il faut que ce soit avec une
adresse infinie, & toute la déli-
catesse possible. Pour moi, quand
je vois le mien disposé à m'écouter, je le prie en soûriant, de ne
pas trouver mauvais qu'une folle
comme moi s'ingere de lui repré-
senter, qu'il devroit faire plus
d'attention à sa santé, à sa répu-
tation, à ses affaires : ensuite je
coule doucement, & en peu de

B

mots, mon petit avis : puis tout-
à-coup, je change de difcours, &
je ne lui parle que de bagatelles
& de plaifanteries, que j'accom-
pagne de quelques careffes. Car
nous devons éviter le défaut or-
dinaire des Femmes : tu fçais que
quand nous fommes en train de
parler nous ne finiffons point.

Xantipe. Cela eft vrai.

Eulalie. J'ai toûjours auffi évité
avec foin de donner ces avis,
ou de lui dire quelque chofe de
defobligeant en prefence de qui
que ce foit : & lorfque j'ai eu
lieu de me plaindre de lui, je ne
me fuis jamais avifée d'aller porter mes plaintes hors de chez
moi : perfuadée que les petites
difputes qui arrivent entre un
Mari & une Femme, font moins
dangereufes, & p'ûtôt appaifées,
quand elles ne fortent point de

l'interieur de la Maison.

Xantipe. Oüi. Mais si le Mari pousse les choses à un tel excés, qu'une pauvre Femme ne puisse plus les souffrir, ni lui faire entendre raison ?

Eulalie. En ce cas, je ne desapprouve point qu'elle ait recours à son Beau-pere, à sa Belle-mere, ou à quelqu'autre Parent de son Mari, en qui il ait confiance : mais sur-tout qu'elle leur parle de maniere qu'ils puissent voir que ce n'est point par haine personnelle, mais par envie de le corriger de ses defauts ; & c'est pourquoi elle doit en cette occasion s'adresser à la Famille de son Mari plûtôt qu'à la sienne.

Xantipe. Tu me fais là le portrait d'un Ange ; & il faudroit être dans la plus haute dévotion, ou d'une douceur & d'une patience infinies pour pratiquer toutes tes leçons à la lettre.

Eulalie. La douceur & la patience font neceffaires, j'en conviens. Mais quant à cette haute dévotion dont tu parles, fi elle n'eft bien reglée & conduite par la raifon, ce qui eft affez rare dans les Femmes, elle nuit plus qu'elle ne fert. La plûpart de nos Dévotes de profeffion, loin d'être plus humbles, plus complaifantes & plus foûmifes, font ordinairement plus promptes, plus fâcheufes & plus hautaines que les autres. C'eft l'efprit de domination qui agit toûjours en elles, au lieu de cet efprit de charité qui eft doux & patient. L'opinion qu'elles ont d'être plus parfaites que le refte des Femmes, augmente leur préfomption na-

turelle. Elles portent dans la dévotion même ce desir de com-
mander, elles veulent gouverner
jusqu'à leurs Directeurs ; & parce
qu'elles se croyent bien avec
Dieu, elles ne se mettent guéres
en peine d'être mal avec leurs
Maris. Toute cette dévotion ne
sert qu'à rendre le pauvre Homme plus malheureux, & le Démon n'y perd rien de ses droits.
Ainsi il suffit d'être sage, hum-
ble, douce, patiente ; & ce n'est
que par-là qu'on peut tirer parti
d'un Mari fâcheux.

Xantipe. Tu as beau dire, il y
en a dont je crois que Dieu même ne pourroit venir à bout.

Eulalie. Que tu es folle ! Sçache encore un coup, qu'il n'y en
a point que l'on ne réduise. Mais
je veux que tu ayes raison, ne
sai-je pas dit, que nous devons

ſouffrir, & même aimer nos Maris avec leurs défauts : & qu'il
vaut mieux tâcher de les ramener
par douceur, que de les aigrir
encore par un eſprit de contradic-
tion. Ne voyons nous pas qu'eux-
mêmes ſont obligez de prendre je
ne ſçai combien de détours pour
nous faire entendre raiſon. J'en
ſçai un, par exemple, qui....

Xantipe. Oh ! je ſuis bien ſûre
que ce n'eſt pas du mien dont tu
vas parler.

Eulalie. Non. C'eſt d'un Gentilhomme de nos amis. Il vouloit
pour femme une jeune innocente
qui n'eût jamais vû le monde, &
qu'il pût inſtruire à ſa maniere.

Xantipe. Oüi, qu'il pût faire
enrager jour & nuit, ſans qu'elle
oſât répondre.

Eulalie. Tu n'y es pas. Il crût
avoir trouvé ſon fait chez un

Gentilhomme de ses voisins dont la Fille âgée de quinze ans, n'étoit point encore sortie de son Village. Il l'épouse, & aussitôt il lui fait apprendre la Musique, la Danse, l'Histoire, enfin tout ce qui peut servir à former une jeune personne. Celle-ci, qui avoit passé son enfance à badiner avec des Servantes & des Paysanes, s'ennuya bien-tôt de ce nouveau genre de vie. Le chagrin la prend, elle se desespere, & fait des cris & des heurlemens comme une possedée toutes les fois que son Mari lui parle de Danse, de Musique ou d'Histoire. Le Mari ne sçachant plus comment l'appaiser, lui propose enfin d'aller pendant quelques jours avec lui chez son Pere ; elle y consent, ils y vont.

Xantipe. Je t'entens. Tu vas me dire qu'il rendit la Fille à ses Parens, & qu'il se défit de mauvaise marchandise.

Eulalie. On ne s'en défait pas si aisément. Mais écoute jusqu'au bout. Le Gendre fait confidence à son Beau-pere des ridicules emportemens de sa Fille, lui dit qu'ayant crû trouver en elle une Compagne agreable, il a épousé une pleureuse éternelle, qui ne fait que heurler, comme une furieuse, sans sçavoir pourquoi : Comment, dit le Pere, n'est-ce pas vôtre Femme ? n'êtes-vous pas son Mari ? ne pouvez-vous pas vous servir de vôtre autorité, & la châtier comme elle le mérite?

Xantipe. Fort bien!

Eulalie. Il est vrai, répond le Gendre, & sur-tout quand vous l'approuvez.

l'approuvez. Mais il est fâcheux d'en venir à ces extrémitez, & j'aimerois mieux que vons pûssiez vous-même la remettre dans son devoir. Eh bien, dit le Pere, je vais y travailler. Aussi-tôt il prend sa Fille en particulier, & lui fait une terrible leçon. Il lui represente qu'une Fille comme elle, sans bien, sans éducation, sans agrément, n'eût jamais osé espe-rer de trouver un Mari tel que le sien. Et je veux bien, ajoûta-t-il, que vous sçachiez que s'il fai-soit son devoir, il vous traiteroit, pour vos manieres impertinentes, non pas comme sa Femme, mais comme la derniere des Servantes; & je vous avertis qu'il le fera, si vous ne changez de conduite. Pour abréger le Sermon, qui fut long & vehement (car les Vieil-lards, aussi-bien que nous, sont

C

Xantipe. Encore est-ce quelque chose.

Eulalie. Ils se font de part & d'autre mille sermens : le Mari, d'aimer toûjours sa Femme : la Femme, d'obéir à son Mari jusqu'à la mort.

Xantipe. Et bien ont-ils tous deux tenu parole ?

Xantipe. Oüi ; & je lui ai entendu dire à elle-même, que si elle n'eût pas trouvé un Epoux de ce caractere, elle auroit vécu la plus malheureuse de toutes les Femmes, & se seroit peut-être portée aux dernieres extrêmitez.

Xantipe. Tu me fais-là un conte à plaisir.

Eulalie. Non. je t'assure que l'Histoire est vraye ; & si tu veux, je vais t'en conter une autre qui ne l'est pas moins, & qui viendra encore mieux à nôtre sujet, puisque c'eſt d'un Homme que ſa Femme a ſçû corriger par les moyens que je t'enſeigne.

Xantip. Volontiers.

Eulalie. Celui-ci étoit paſſionné pour la Chaſſe. Il rencontra dans le Bois une jeune Payſane, belle au poſſible. Quoiqu'il fût déja ſur l'âge, la voir & l'aimer, ne fut qu'une même choſe. Avec de l'argent il l'obtint aiſément de la Mere. C'étoit une Veuve du Village prochain, réduite à la mendicité. Ce nouvel amour, comme tu peux juger, l'obligea à découcher ſouvent de chez lui. La Chaſſe ſervoit d'excuſe, le prétexte étoit plauſible. Neanmoins la Femme découvrit l'intrigue. Elle part ſur le champ, entre dans la Chaumiere de la Veuve : elle ne voit pour tout meuble qu'une couchette garnie d'une simple paillasse avec un drap, & une méchante couverture. Elle retourne chez elle, revient, fait apporter un de ses lits, une table, des chaises, un buffet, & le reste : Ma pauvre Femme, dit-elle à la Veuve, le Gentilhomme qui prend soin de vôtre Fille, est mon Frere ; je suis bonne Sœur, je veux qu'étant chez vous, il y trouve toutes ses commoditez. J'ai fait apporter ces meubles pour mettre dans vôtre Chambre, & voici de l'argent pour lui préparer à manger : ayez grand soin de lui, je vous en récompenserai bien. Quand le Gentilhomme arriva le lendemain chez sa Paysane, il fut fort surpris. Il demanda ce que c'étoit que tout cet appareil : on lui répondit qu'une Dame de ses Parentes avoit apporté tout ce qu'il voyoit, & qu'elle avoit recommandé qu'on eût grand soin de lui. Revenu de son premier étonnement, il regarde avec attention, reconnoît ses meubles, & se doute que c'est un tour de sa Femme. Pour s'en éclaircir, quoi qu'un peu embarrassé comment il s'y prendroit, il la questionna lorsqu'il fut de retour chez lui. Elle, sans se faire beaucoup prier, avoüa le fait, & lui dit : Mon cher Mari, je sçai que vous aimez fort vos aises, & je n'ai pas voulu que rien vous manquât dans un lieu où j'ai appris que vous vous plaisiez.

Xantipe. Oh, pour le coup voilà une franche dupe ! une Femme bien sotte & bien bête ! Pour moi, au lieu de tous ces meubles, j'aurois pris des horties, du hou & du jonc marin, j'en aurois rempli la paillasse de la Vieille, & nous

aurions vû comment mon Homme eût passé la nuit avec sa
Gueuse.

Eulalie. Cependant quel effet
penses-tu que l'action genereuse
& prudente de cette Femme ait
produit sur son Mari ? Charmé,
& en même temps bien honteux,
il cessa dés-lors de voir la Paysane, qu'il maria honnêtement,
& a vécu jusqu'à la mort dans
une étroite union avec sa Femme.
Mais à propos, ne connois-tu pas
Guilbert le Hollandois ?

Xantipe. Je ne connois autre.

Eulalie. Tu sçais qu'il n'a que
vingt-cinq ans, & qu'il a épousé
une Femme déja sur l'âge.

Xantipe. Qu'appelles-tu sur l'â-
ge ? elle a plus de soixante-douze
ans. Mais c'est à cause de son
bien.

Eulalie. Assurément. Il n'a pas

manqué, comme tu peux croire, de prendre bien-tôt Maîtresse en Ville, & depuis on ne l'a guéres vû à la Maison. Qu'aurois-tu fait à la place de la Femme?

Xantipe. Ce que j'aurois fait? J'aurois arraché les yeux à la Fille sans autre façon : Et quant à Monsieur mon Mari, au sortir du logis, je l'aurois, de ma fenêtre, accommodé de maniere que sa Maîtresse n'eût pas pris plaisir à l'embrasser.

Eulalie. Qu'elle a agi bien autrement ! Elle a fait venir la Demoiselle chez son Mari : elle y étoit traitée comme la Dame du logis, & quand il y avoit partié faite, pour aller dîner, ou souper ailleurs, elle ordonnoit au Cuisinier d'aller préparer le repas.

Xantipe. Ah l'infame ! Quoi?

servir de ....je n'ose dire dequoi, à son Mari ; & ne pas mourir de honte?

Eulalie. N'a-t-elle pas mieux fait en un sens? Elle a évité par-là bien des déboires qu'elle auroit eu à essuyer, & des querelles qui n'auroient point eu de fin, si elle l'eût pris sur un autre ton.

Xantipe. Cela peut être. Mais pour moi, on me tuëroit plûtôt que de m'y resoudre.

Eulalie. Tu ne ferois pas non plus comme nôtre Voisine.

Xantipe. Que fait-elle?

Eulalie. C'est une Femme aussi sage que belle. Son Mari est un tres-honnête Homme, mais prompt à l'excés. Dans sa promptitude il lui donna un soufflet. Elle, sans rien dire, alla s'enfermer dans sa Chambre, où elle ne cessa de pleurer. Son Mari la trouvant en cet état une heure aprés, lui dit d'un ton amer : Eh quoi, Madame, vous vous amu-fez à pleurer comme un enfant? Auriez-vous mieux aimé, lui dit-elle, en baiffant les yeux, & avec une douceur d'Ange, que j'euffe été crier au meurtre dans le mi-lieu de la ruë? Le Mari attendri à ce mot, l'embraffa, & lui promit d'être plus retenu à l'avenir.

Xantipe. Oh pour cet article, j'empêche bien le mien de me battre, mais ce n'eft point par mes pleurs.

Eulalie. Oüi, mais ce font des difputes continuelles.

Xantipe. Que veux-tu que j'y faffe?

Eulalie. Je te l'ai déja dit, il faut que tu fouffres patiemment, & fans rien dire, tous les cha-grins qu'il re donne : que tu tâches de gagner sa tendresse par beaucoup de douceur & de complaisance, & par toutes les manieres engageantes que tu pourras imaginer. Certainement tu en viendras à bout, ou du moins le rendras-tu plus traitable.

Xantipe. Non, te dis-je, j'aurois beau faire : sur ma parole, il ne changera jamais.

Eulalie. Que tu es obstinée ! Quand il seroit, comme tu l'as dit, plus furieux que tous les Animaux dont je t'ai parlé, au bout du compte il est homme, ainsi ne desespere de rien. Essaye seulement pendant quelques mois. Si tu ne t'en trouves bien, tu pourras alors t'en prendre à moi. Songe à lui rendre ta personne & ta maison agreables : qu'il n'y voye jamais que ce qui pourra lui faire plaisir : sur-tout point de differend entre vous, quand vos rideaux font une fois tirez ; c'eſt le temps deſtiné à la reconciliation, à la paix, à la tendreſſe ; ſi tu le paſſes en querelles, n'eſpere pas de pouvoir réüſſir ailleurs. Combien y a-t-il de ces Femmes toûjours chagrines, dont le froid mépriſant, le dégoût, & la mauvaiſe humeur redoublent aux careſſes de leurs Maris !

Xantipe. J'avoüe que cela m'arrive ſouvent.

Eulalie. Cependant, ſi une Femme doit en tout temps chercher à plaire à ſon Mari, tu m'avoüeras que c'eſt alors qu'elle doit redoubler ſes ſoins pour y parvenir.

Xantipe. Cela eſt bon. Mais quand on eſt avec une bête feroce ?

Eulalie. S'il eſt tel que tu le dis, ma chere, c'eſt peut-être ta faute plus que la sienne. Les Poëtes ont donné à Venus une ceinture où étoient enfermez tous les charmes propres à donner de l'amour. Quoique la bonne Déesse fût fort galante, & qu'elle eût souvent pratique ailleurs, elle ne manquoit jamais de porter cette ceinture toutes les fois qu'elle alloit passer la nuit avec son crasseux de Vulcain.

Xantipe. Bon, nous voici aux Fables.

Eulalie. Ce font des Fables, j'en conviens : mais ces Fables ont un sens moral, qui n'est pas inutile pour la vie. Par exemple, celle-ci nous enseigne, que les Femmes les plus vertueuses ne doivent rien negliger, pour se rendre agreables à leurs Maris, sur-tout dans ces momens dont nous venons de parler.

Xantipe. Eh bien, donne-moi donc cette ceinture si merveilleuse.

Eulalie. Tu n'en as pas besoin. Ces merveilles, ces charmes, ou si tu veux, ces sortileges de l'invention des Poëtes, ne sont, à proprement parler, que la douceur, la modestie, la complaisance, la gayeté sans emportement, enfin ces airs engageans, & ces manieres insinuantes, à quoi les hommes ne peuvent resister.

Xantipe. Et moi, je t'assure que la ferocité du mien est à l'épreuve de la Déesse de la Beauté, de sa ceinture, des secrets, des charmes, des sortileges, & de tout ce que les Poëtes & les Sorciers ont jamais inventé pour inspirer de l'amour.

Eulalie. En verité, tu n'es pas

sage. Mais puisque nous en sommes sur la Fable, dis-moi, si Circé, cette fameuse Enchanteresse, te proposoit de métamorphoser ton Mari en Cochon, comme les Compagnons d'Ulysse? . . . .

Xantipe. Elle n'y auroit pas grande peine : il ne lui resteroit que la forme à donner ; car pour l'inclination, cela est déja fait ; & elle y est toute entiere.

Eulalie. Je le crois. Mais enfin, le voudrois-tu ?

Xantipe. A te dire vrai, je n'aimerois pas ce groüin à mes côtez.

Eulalie. Mais si, sans avoir recours à la Métamorphose, elle t'offroit de changer cette inclination, & toutes ces manieres qui te sont si insupportables?

Xantipe. Oh pour cela, elle

m'obligeroit fort, & je l'en re-
mercierois de bon cœur.

Eulalie. Si tu le veux, tu n'en
auras l'obligation qu'à toi-même ;
suis mes avis, & au lieu d'avoir
toûjours la vûë sur les defauts de
ton Mari, ne regarde que ses
bonnes qualitez. C'étoit avant
que de t'engager, qu'il falloit le
bien examiner, & sans te laisser
prendre par sa bonne mine, tu
devois alors t'informer sous-main
dans son voisinage, de son humeur, de son esprit & de sa conduite.

Xantipe. L'avis est bon, mais
il vient un peu tard.

Eulalie. Cela est vrai. Cependant console-toi, le mal n'est pas
sans remede ; quand tu auras des
enfans, il t'aimera davantage.

Xantipe. J'en ai déja un.
Eulalie. Déja ?

Xantipe.

Xantipe. Il a sept mois.

Eulalie. Tu te mocques, il n'y a pas un an que tu es mariée.

Xantipe. C'est que.....

Eulalie. Tu rougis, je t'entens, ne m'en dis pas davantage.

Xantipe. Je ne sçais même si je ne suis point encore grosse.

Eulalie. Courage, tu ne perds pas ton temps. Est-ce un garçon que vous avez.

Xantipe. Oüi.

Eulalie. Tant mieux : ton Mari en doit être plus content. Mais quelle reputation a-t-il dans le monde, & parmi ses amis?

Xantipe. On le trouve tres-aimable : on dit que c'est un fort galant homme, doux, civil, honnête, liberal, bon ami : ce n'est que pour sa Femme qu'il est un Démon.

Eulalie. Je te promets qu'il de-

viendra un Ange, pour peu que
tu veüilles y mettre du tien. Songe qu'il n'a au plus que vingt-
quatre ans, & qu'un Jeune-
Homme à cet âge ne sçait ce
que c'est qu'être Pere de famille.
Crois-moi, laisse-le meurir, &
tu n'auras pas besoin d'en venir à
la séparation de corps & de biens
dont tu parlois.

Xantipe. J'en ai pourtant grande
envie.

Eulalie. Tu ne sçais pas ce que
c'est que ces sortes de sépara-
tions. C'est la ruïne & l'oppro-
bre d'une Famille. Quoi, est-il
possible qu'un Homme, & sur-
tout une Femme, ayent le front
d'entreprendre & de soûtenir un
procés aussi odieux ? & ne de-
vroient-ils pas mourir de honte,
de donner au Public peu chari-
table, & toûjours prêt à rire de

son prochain, des scénes ridicules, que leurs Domestiques mêmes auroient dû ignorer ? ·

Xantipe. Eh bien si Monsieur fait passer Madame pour une je ne sçai qui, elle a la consolation de le faire connoître pour ce qu'il est.

Eulalie. Grande consolation, & bel honneur pour l'un & pour l'autre ! & sur-tout charité bien édifiante des deux parts ! Mais cet enfant que tu as, le prendrois-tu avec toi, ou le laisserois-tu à ton Mari ?

Xantipe. Ah ! je le laisserois de bon cœur. C'est son vrai portrait: malheur à celle qui sera un jour sa femme, & il commenceroit par faire enrager sa Mere.

Eulalie. Crois-moi, si tu ne l'avois plus, tu serois au desespoir. Mais à propos n'as-tu pas une Belle-mere ?   D ij

Xantipe. Oüi & de plus une Belle-sœur, & j'aimerois autant avoir chez moi un Démon ; c'est pis que mon Mari.

Eulalie. Elles ne t'aiment donc pas.

Xantipe. Elles voudroient me voir morte & enterrée, & moi je voudrois les voir au fond de l'eau.

Eulalie. Si j'étois à ta place, quand ce ne seroit qu'à dessein de les désoler, il n'y a rien que je ne fisse, pour bien vivre avec mon Mari, & pour m'en faire aimer.

Xantipe. Mais le moyen ?

Eulalie Je te l'ai dit, & je te le dis encore, rends-lui sa Maison si agreable, qu'il s'y plaise plus que par-tout ailleurs : il n'ira pas courir en Ville, lorsqu'il trouvera chez lui tout ce qui peut lui faire

plaisir. Applique-toi à y attirer
bonne Compagnie : Fais choix de
Gens qui lui conviennent : appel-
les-y ses Amis, reçois-les de ton
mieux : ne t'amuse point à les
railler, ni à les reprendre. Sois
douce, aimable, complaisante :
forme ton humeur sur la sienne.
Quand il sera triste, parois triste :
quand il sera gai, prens un air
enjoüé, mais point de ces joyes
évaporées. S'il joüe de sa Viole,
chante, & prie-le de t'accompa-
gner : s'il veut être seul, ne vas
point l'interrompre : s'il aime la
bonne chere, qu'il ait toûjours
tout ce qu'il y a de meilleur : sur-
tout point de prédilection pour
aucun Domestique, lorsqu'il déplaira au Maître du logis. Quand
il commencera d'avoir un peu de
vin dans la tête, fais semblant de
boire aussi ; ou s'il en a trop, en-

gage-le par tes caresses à aller se coucher, prends soin que son lit soit bien fait, & que rien ne lui manque. Je ne te repeterai point ce que je t'ai dit de la nuit & du particulier, c'est neanmoins l'essentiel, & tu ne peux y avoir trop d'attention. Enfin, que son plaisir & sa satisfaction fassent ton unique étude, & ne cesses point d'y travailler jusqu'à ce que par choix & par goût, il se soit fait un devoir necessaire de te voir, de t'aimer, & d'être toûjours avec toi.

Xantipe. Et moi toûjours avec lui! C'est dequoi en mourir, ma chere.

Eulalie. Il le faut, si tu veux vivre heureuse.

Xantipe. Je tâcherai donc de m'y resoudre, mais ce ne sera pas sans peine, je t'assure.

Eulalie. Tu y en auras moins
que tu ne crois. Essaye encore un
coup, & si tu ne réüssis, ne te fie
jamais à moi. Je te promets que
de mon côté je lui parlerai, & lui
ferai entendre raison.

Xantipe. Ah ! ma chere, il faut
bien s'en garder. Tout seroit per-
du, s'il étoit instruit de nôtre En-
tretien.

Eulalie. Ne t'inquiete pas : je
sçaurai, sans te compromettre, le
prendre adroitement. Il ne me
séra peut-être pas difficile de le
faire parler sur ton chapitre, comme tu viens de me parler sur le
sien ; & quand il m'aura tout con-
té, je lui dirai ce que je croirai de
plus fort, pour vous rendre tous
deux contens. Laisse-moi faire,
tu peux t'en reposer sur moi.

Xantipe. Mais, ma chere, si
tu as tant de crédit sur lui, tu

peux faire encore mieux.

Eulalie. Comment?

Xantipe. Donne-lui un bon avis que je vais te dire ; & s'il veut le suivre, ce sera bien le plus court & le meilleur.

Eulalie. Quel avis?

Xantipe. Tâches de l'engager à vendre ce qui nous reste de bien.

Eulalie. Eh pourquoi?

Xantipe. Pour passer en France avec moi, & s'établir à Paris. Peut-être n'auras-tu pas tant de peine à le persuader, si tu lui represente qu'à Paris on fait des fortunes étonnantes en moins de rien.

Eulalie. Mais cette esperance incertaine peut-elle t'obliger à vouloir quitter ton Pays, ta Famille, tes Amis? ou crois-tu qu'à Roterdam il ne puisse trouver à s'enrichir?

Xantipe.

Xantipe. Si tu veux que je te dise la verité, ma chere, c'est que j'ai oüi dire que Paris est le Paradis des Femmes : Qu'elles y sont Maîtresses absoluës, & les Maris de vrais moutons. On prétend que c'est le climat & l'air du Pays qui les rendent si doux & si patiens. Là les Prudes, les Dévotes, les Coquettes ; de tout rang, de toute étoffe ; jeunes, vieilles ; belles, laides ; toutes exercent un pouvoir despotique sur leurs Maris. C'est Madame qui gouverne, qui ordonne, qui tranche & décide sur tout : Et il faut que Monsieur file doux ; ou s'il veut faire du bruit, on sçait bien le ranger à son devoir de la bonne maniere. Juge quel plaisir ce seroit pour moi, de réduire le mien à la necessité de mettre en pratique toutes ces

E

leçons que tu viens de me donner.

Eulalie. Va, ma chere, pratique-les toi-même, si tu es sage : & crois qu'à Paris, comme ailleurs, une Femme ne peut jamais être heureuse, qu'elle ne sçache rendre son Mari heureux.

F I N.

APPROBATION.

J'Ai lû par ordre de Monſieur le Lieutenant General de Police un Manuſcrit François, qui a pour titre : *La Femme mécontente de ſon Mari*, &c. dont on peut permettre l'Impreſſion. A Paris ce 15. Mars 1707.

PASSART.

PERMISSION.

VEu l'Approbation cy-deſſus du Sieur Paſſart, permis d'imprimer. Fait ce 15. Mars 1707.

M. R. DE VOYER D'ARGENSON.

www.ingramcontent.com/pod-product-compliance
Lightning Source LLC
LaVergne TN
LVHW011452180726
843503LV00007BA/3098